Épreuve.

DISCUSSION

DU PROJET

DE CODE CIVIL.

N.º 33.

SÉANCE du 16 Frimaire, an 10 de la République.

LE PREMIER CONSUL préside la séance.
Le second et le troisième Consuls sont présens.

Le C. BOULAY présente une troisième rédaction du projet de loi sur *l'Adoption*.

Le projet est ainsi conçu :
Art. I.ᵉʳ « L'adoption est admise.
Art. II. » Nulle adoption ne pourra être faite que » par un acte du Corps législatif.
III. » L'adoption sera irrévocable.
IV. » L'enfant adopté aura, dans la famille du père » adoptant, tous les droits d'un enfant naturel et légi- » time. »

Le C. BOULAY observe que le projet dont il vient de faire lecture , est le résultat de la dernière dis- cussion. La section a pensé qu'il serait sans doute nécessaire de fixer les conditions de l'adoption , si elle devait être accordée par les tribunaux ; mais que , si elle doit l'être par les premières autorités de l'État , cette précaution devient inutile.

Le PREMIER CONSUL pose ainsi la première question : « L'adoption ne sera-t-elle accordée que par » un acte législatif ! »

A

Le C. EMMERY dit que, pour soutenir l'affirmative, on a observé que l'adoption est une dérogation à la loi commune ; qu'ainsi la loi seule peut l'autoriser : mais, répond le C. *Emmery*, l'autorisation de la loi existe, quand elle a une fois permis en général la dérogation.

Il n'est pas d'ailleurs dans la nature de la loi de prononcer sur un fait ou sur un individu, ni de disposer de la liberté individuelle. Ce n'est pas cependant que le législateur ne doive intervenir dans les actes d'adoption ; mais il importe à l'intérêt du père et du fils adoptifs que les conditions de l'adoption soient déterminées par la loi, et verifiées par les tribunaux. Le ministère du législateur doit se réduire à donner ensuite la sanction à la volonté des parties.

Le PREMIER CONSUL dit qu'il est possible d'abord que l'adoption soit prononcée par une autre autorité que le pouvoir législatif ; mais que, quand elle devrait être placée dans les attributions de ce pouvoir, cette circonstance ne dispenserait pas d'en fixer en général les conditions. Le législateur trace souvent lui-même, par une loi générale, les règles qu'il suivra dans des lois subséquentes. Il importe, en effet, de distinguer les décisions du pouvoir législatif en deux classes : les unes méritent le titre de lois, parce qu'elles organisent une matière, et qu'elles ont leur effet à l'égard du législateur lui-même, tant qu'elles ne sont pas révoquées ; les autres sont plutôt des actes législatifs que des lois, parce qu'elles ont pour objet de fixer les conséquences et l'application des lois faites. Rien ne s'oppose donc à ce qu'une loi générale détermine les causes de l'adoption, et que cependant les adoptions soient faites par un acte du Corps législatif. Il y a plus : une loi générale est nécessaire ; car, sans les règles qu'elle donnerait, sur quoi le rapporteur d'une demande en adoption pourrait-il fonder la proposition de l'admettre ou de la rejeter ! S'il n'existait point de règles fixes, le législateur demeurerait le maître de se faire des principes et d'en changer à chaque demande d'adoption, et de remettre ainsi perpétuellement en discussion les bases de la matière.

Le CONSUL CAMBACÉRÉS dit qu'on doit d'abord établir le principe de l'adoption, et fixer ensuite les cas où l'adoption est admise, en les présentant néanmoins d'une manière assez générale pour donner une certaine latitude d'application. Ces diverses dispositions n'ont rien de commun avec les actes d'application qui doivent en être la suite.

Le MINISTRE DE LA JUSTICE dit que le pouvoir de l'autorité législative se borne à faire des lois, et qu'une loi est une disposition générale qui oblige tous les citoyens, et non un seul. Toute décision qui applique la loi, ne peut émaner que des tribunaux; et la Constitution interdit expressément au pouvoir législade s'immiscer dans les fonctions judiciaires.

Le CONSUL CAMBACÉRÉS dit que si les pouvoirs étaient aussi circonscrits que le suppose le Ministre de la justice, l'action de l'autorité publique serait souvent embarrassée. Quand tous les pouvoirs s'accordent pour donner une attribution à l'un d'eux, il ne peut plus y avoir de difficultés de compétence. Au reste, la démarcation tracée par le Ministre de la justice est démentie par les faits; car le Corps législatif rend des lois dont l'effet est borné à quelques individus, comme lorsqu'il autorise l'échange des biens de communes. On objectera qu'il y a là un intérêt politique; mais il y en aurait également un dans l'adoption d'un étranger.

Le C. REGNAUD (de Saint-Jean-d'Angely)' objecte que les parties ne peuvent être entendues devant l'autorité législative ; que cependant elle pourrait, par sa décision, blesser leur intérêt.

Le PREMIER CONSUL répond qu'en fixant les causes de l'adoption, la loi donne une garantie suffisante aux parties intéressées.

Le C. REGNAUD (de Saint-Jean-d'Angely) dit que les tribunaux seuls peuvent bien juger les causes. Ils les vérifieraient même, dans le cas où l'adoption ne serait prononcée que par une loi; mais il est indispensable que les tiers soient entendus. Ils ne peuvent l'être devant le Corps législatif, où la parole est accordée exclusivement aux orateurs du Gouvernement et du Tribunat, qui ne la prennent que pour l'intérêt public, et jamais comme fondés de pouvoirs des parties. Ils ne sont pas, d'ailleurs, les défenseurs et les dépositaires d'intérêts particuliers.

L'opinion du C. *Regnaud* serait donc que les tribunaux fussent chargés d'accorder les actes d'adoption. Cependant, si on veut réserver ce droit à un autorité supérieure, il propose de le déléguer au Gouvernement, parce que là les parties peuvent se faire entendre.

Le CONSUL CAMBACÉRÉS dit que le Gouvernement entendra nécessairement les parties, même quand les actes d'adoption devraient être sanctionnés par le Corps législatif; car il sera obligé de prendre des renseignemens pour motiver la proposition de la loi.

Le C. DUMAS pense que le droit d'accorder l'adoption ne doit appartenir ni au pouvoir judiciaire, parce qu'il n'y a point là de litige, ni au pouvoir législatif, parce que son ministère est consommé lorsque par une loi fondamentale il a indiqué les causes et les formes de l'adoption; l'application de cette loi lui devient aussi étrangère.

Mais, ajoute le C. *Dumas*, le Premier Consul a indiqué, quoique très-légèrement, un mode qui pourrait concilier toutes les opinions. Il a parlé d'attribuer au Sénat le droit d'accorder les adoptions. A la vérité, ces fonctions ne sont pas du nombre de celles que la Constitution donne au Sénat, mais elle n'a point défendu d'ajouter aux attributions qu'elle lui confie. Pourquoi donc ne se servirait-on pas d'une autorité placée entre tous les pouvoirs, lorsque son intervention peut être utile ? Si on s'en tenait à la lettre des Constitutions, les meilleures n'arriveraient jamais à la perfection dont elles sont susceptibles ; car, comme le corps physique, le corps politique est capable de croître et de se fortifier. Il serait facile d'organiser l'idée qui a été proposée. On ferait d'abord une enquête pour vérifier les causes de la demande en adoption; alors surviendraient les réclamations s'il devait y en avoir. Le tout serait reporté au Gouvernement qui le soumettrait au Sénat.

Le C. BÉRENGER répond que les droits et les devoirs du Sénat sont irrévocablement fixés par la Constitution, et qu'il n'appartient pas à la loi d'y ajouter. Le Sénat serait fondé à repousser la loi qui lui donnerait des attributions nouvelles : ainsi, si l'on se proposait de le faire intervenir dans l'adoption, il faudrait rayer cette matière du Code civil, et, à chaque demande particulière, solliciter un *sénatus-consulte*.

Le C. BOULAY ajoute que le Sénat est une institution spéciale, hors de la catégorie des autres pouvoirs, et placée au milieu d'eux comme un corps d'observation, pour les contenir chacun dans ses limites. Le pouvoir du Sénat est beaucoup plus circonscrit que le pouvoir de l'autorité législative : celle-ci exerce dans l'État un pouvoir créateur qui pourvoit à tous les besoins du corps social, et auquel, par ce motif, la Constitution a donné la plus grande latitude.

Le PREMIER CONSUL dit qu'il est frappé des observations faites par le C.^{en} *Regnaud*, relatives à l'intérêt des tiers. Ces observations rappellent celles du C. *Rœderer*, qui craint de confondre l'exercice du pouvoir législatif avec l'exercice du pouvoir judiciaire ; et, en effet, s'ils étaient confondus, l'autorité qui en disposerait, pourrait devenir impunément arbitraire et tyrannique. D'ailleurs, le pouvoir législatif, occupé des grands intérêts de l'État, ne peut donner qu'une attention plus légère aux affaires d'intérêt privé. Au contraire, les tribunaux, qui ne s'occupent que de ces sortes d'affaires, les examineront nécessairement avec la plus grande maturité. Mais il est dans tout ceci un terme moyen : on peut faire concourir les deux pouvoirs, en les faisant agir chacun dans l'esprit qui lui est propre. Il y a deux choses dans l'adoption : un acte libre et spontanée de la part du souverain, qui accorde la grâce d'une dérogation au droit commun ; l'intérêt des individus, qui doit être respecté. D'après cette distinction on peut charger les tribunaux de vérifier si la demande est d'accord avec la loi, et si l'intérêt privé n'est pas blessé. Là doit s'arrêter leur ministère ; car leur pouvoir ne va pas jusqu'à changer l'ordre établi par la nature et par la loi : tout ce qui est au-dessus de l'intérêt privé leur est étranger, et appartient à d'autres autorités. Ainsi leurs décisions seraient reportées au Gouvernement, pour recevoir sa sanction, qui imprimerait à l'adoption le grand caractère d'irrévocabilité, et qu'il n'accorderait qu'après avoir examiné la demande sous le rapport des mœurs et de l'intérêt public.

Le C. MALEVILLE dit que l'intérêt des tiers, dans cette matière, ne peut être que l'intérêt des ascendans ; car l'adoption blessera toujours l'intérêt des collatéraux : mais cet intérêt ne doit être ici d'aucune considération.

Le PREMIER CONSUL dit qu'il ne s'agit point de l'intérêt éventuel des collatéraux, mais de l'intérêt actuel des pères, auquel la plus odieuse tyrannie pourrait seule se permettre de porter atteinte. Si le consentement des ascendans est exigé et leurs réclamations jugées par les tribunaux, ils auront la plus entière garantie, et la division des pouvoirs sera respectée. On a vu, dans le cours de la révolution, combien il est dangereux de la détruire : même dans les Gouvernemens absolus, le despotisme s'arrête devant la maison de chaque particulier ; il pèse sur le chef de la famille, mais il laisse la famille aussi absolument à la disposition de son chef, que lui-même est à la disposition du Gouvernement.

Le Consul Cambacérés dit que l'intérêt dont on veut parler est celui des demandeurs en adoption, de ceux sans la proposition ou le consentement desquels l'adoption ne serait pas admise ; car le législateur ne peut la prononcer d'office. Il y aura d'abord une information faite ou administrativement ou judiciairement ; elle constatera que les personnes entre lesquelles se fait l'adoption, l'ont demandée ou consentie : jusque-là, les tiers proprement dits n'ont pas encore besoin d'intervenir. L'information est ensuite rapportée au conseil : alors arrive pour les tiers le moment d'agir, s'ils sont fondés à s'opposer à ce que l'adoption ne soit consommée ; et il est des circonstances où ils peuvent l'être, comme dans le cas, par exemple, où l'adoptant se trouve en démence. On ne peut se dissimuler cependant que le mode proposé n'ait l'inconvénient de subordonner à l'autorité administrative un acte fait par l'autorité judiciaire.

Le Premier Consul dit que l'indépendance des deux autorités demeurerait entière. Les fonctions du tribunal seraient de déclarer si la demande en adoption peut être légalement admise ; les fonctions de l'autorité administrative, de l'admettre ou de la rejeter. Lorsque le tribunal, après avoir vérifié les causes de la demande, entendu les parties, prononcé sur les réclamations, déclarera qu'il n'y a pas lieu à adoption, l'autorité administrative ne pourra passer outre : mais, quoique la déclaration du tribunal soit favorable à la demande, l'autorité administrative demeurera cependant libre de refuser l'adoption. Le Corps législatif est une autorité trop grande, trop occupée pour l'engager dans des procédures. Cependant, les formes sont la garantie nécessaire de l'intérêt particulier. Des formes ou l'arbitraire, il n'y a pas de milieu. C'étaient des temps barbares que ceux où les rois, assis au pied d'un arbre, jugeaient sans formalité. Il faut que personne ne puisse craindre qu'une loi vienne lui enlever malgré lui son enfant.

Le C. REGNIER dit que, dans le système du Premier Consul, le pouvoir législatif serait, par rapport à l'adoption, subordonné au pouvoir judiciaire. L'indépendance la plus entière est en effet essentielle à l'initiative des lois; il faut que l'autorité à qui cette initiative appartient, soit libre de proposer ou de ne pas proposer la loi. Ici elle serait liée par la déclaration du tribunal.

Les parties doivent sans doute être défendues, mais puisque l'adoption est une matière extraordinaire et nouvelle, rien ne s'oppose à ce que le Gouvernement ne vérifie directement la demande. Il entendrait les parties de la même manière que dans les affaires contentieuses, où elles exposent leurs moyens par écrit. Il n'est pas naturel qu'un même objet soit tout-à-la-fois et de la compétence des tribunaux et de la compétence de l'administration.

Le C. MALEVILLE dit que les tribunaux n'auraient pas de principes pour juger de la moralité, et qu'on ne doit pas leur déléguer le droit de prononcer sur l'intérêt des tiers. Qu'est, en effet, dans cette matière, cet intérêt qu'il faut garantir ! Ce n'est pas celui du père; car il n'agit que parce qu'il le veut. Quant à l'intérêt des autres, il se diversifie de tant de manières, qu'il est impossible au législateur de donner aux tribunaux des règles pour tous les cas : dès-lors ils deviendraient les arbitres suprêmes de leurs décisions ; ils pourraient déclarer, suivant leur caprice, que l'intérêt d'un successible est injustement blessé, ou qu'il ne l'est pas, ou qu'on ne doit pas y avoir égard. Cependant le Gouvernement, n'étant pas suffisamment éclairé par la décision du tribunal, sera obligé de consulter le préfet.

Le PREMIER CONSUL dit que, par cette dénomination de tiers, on n'entend désigner que le père réclamant: par exemple, un enfant est inscrit comme né d'un père inconnu ; son tuteur consent à le donner en adoption ; le père cependant se présente et le réclame. Si une semblable contestation était jugée par le Conseil d'état, elle le serait par une section du Corps législatif; et ainsi il y aurait confusion de pouvoirs.

Le C. MALEVILLE observe que la question de paternité serait d'abord jugée par les tribunaux.

 A 4

Le PREMIER CONSUL répond, et ajoute qu'on s'a-larme mal-à-propos. Les fonctions du tribunal se réduiront à constater par un procès-verbal que les consentemens nécessaires ont été donnés, et qu'il n'y a pas eu de réclamations. Il en réfère ensuite au Gouvernement, qui décide. Mais rien ne serait plus révoltant que de faire tout dépendre de l'opinion d'un préfet dont l'enquête ne serait assujettie à aucune formalité.

Le C. REGNIER dit que, pour donner aux particuliers la garantie des formes, la loi peut obliger le Gouvernement à prononcer en connaissance de cause. Il prendra des informations par la voie administrative, et il demeurera ensuite libre de proposer ou de ne pas proposer la loi. Mais l'examen des motifs qui doivent déterminer la proposition de la loi, et la proposition de la loi, sont essentiellement indivisibles.

Le C. BOULAY propose de faire arriver d'abord la proposition au Gouvernement, et de la faire ensuite renvoyer par lui à l'autorité judiciaire pour constater le consentement des parties. Alors, dit l'opinant, on peut employer indifféremment le ministère du juge de paix, celui du commissaire du Gouvernement près le tribunal, celui d'un juge commis à cet effet, parce qu'il ne s'agit que de dresser un procès-verbal de consentement.

Le PREMIER CONSUL dit que cependant, si le procès-verbal se trouve contraire à la demande, il ne doit pas être permis au tribunal de proposer l'adoption.

Le CONSUL CAMBACÉRÉS préfère la proposition de faire arriver la pétition au Gouvernement après l'ins-truction, afin qu'il n'y ait rien d'arbitraire dans sa con-duite. Il donne également la préférence au juge de paix sur les autres fonctionnaires dont on a parlé; car, n'y ayant rien de contentieux dans de semblables demandes, le ministère du tribunal devient inutile. Tout se réduit à s'assurer du consentement des parties, en désignant bien celles dont l'autorité doit concourir aux actes d'adoption. Le Consul observe, en passant, que dans son opinion le consentement du tuteur ne devrait pas suffire, et que la loi devrait exiger celui des plus proches parens.

Le C. TRONCHET dit que l'embarras de cette discus-sion vient de ce que les causes et les conditions de l'adoption n'étant pas déterminées, on ne peut distinguer quelle doit être la part des tribunaux dans l'instruction préalable, et quelle doit être la part de l'administration dans cette matière, qui appartient essentiellement à la juridiction gracieuse et administrative.

Sur quoi doit porter l'instruction préalable ! sur l'âge, sur le sexe, sur la moralité, sur la fortune de l'adoptant, et sur le consentement de la famille de l'adopté. Il n'y a pas une seule de ces conditions qui soit litigieuse, et qui ne puisse être vérifiée administrativement.

Cependant on a objecté que l'instruction préalable peut devenir judiciaire, lors, par exemple, qu'un parent vient alléguer que le consentement du père adoptif n'est pas donné librement, que ce père est en démence, que l'adoption est consentie par un faux tuteur : mais qu'arrivera-t-il alors ! ce qui arrive tous les jours à l'égard des questions de propriété ; il y aura une question préliminaire sur laquelle les tribunaux prononceront.

Le PREMIER CONSUL dit qu'il adopte cette opinion, pourvu que la loi impose expressément au Gouvernement l'obligation de renvoyer aux tribunaux les questions préliminaires dont le C. *Tronchet* a parlé. Ainsi le Gouvernement ne pourrait pas proposer de loi tant que l'opposition ne serait pas levée ; et il demeurerait cependant libre de ne la pas proposer, même après la main-levée de l'opposition.

Le CONSEIL adopte en principe que l'adoption sera prononcée par une des grandes autorités de la République.

Le PREMIER CONSUL ouvre la discussion sur la question de savoir quelle procédure sera tenue à l'égard des demandes en adoption.

Le C. REGNAUD (de Saint-Jean d'Angely) demande que l'instruction soit faite par le tribunal civil, et non par le juge de paix.

Le CONSUL CAMBACÉRÉS pense qu'il est naturel d'employer le ministère du juge de paix, parce que la juridiction gracieuse lui appartient : c'est lui qui reçoit les délibérations de famille relativement aux tutelles et aux affaires des mineurs ; il doit également recevoir les demandes en adoption. Sur ces demandes, il fera appeler les témoins, la famille, et dressera un procès-verbal. Si cependant il survient des réclamations qui puissent donner lieu à une instance, il les renvoie devant un tribunal. Jusqu'ici le Gouvernement ne prend point part à ce qui se passe, et sa dignité n'est point compromise. Ensuite, et quand toutes les difficultés sont levées, les parties viennent à lui pour solliciter une loi. Le Conseil d'état examine les pièces ; il prend, s'il veut, des informations nouvelles, et il n'a point de surprises à craindre ; car le Gouvernement est encore maître de ne point proposer de loi d'adoption.

Le C. REGNAUD (de Saint-Jean d'Angely) explique les motifs de son opinion : il observe que, dans les campagnes, les juges de paix procèdent fort légèrement ; il craint même que quelques-uns d'entre eux ne se prêtent à des collusions. Ces motifs l'ont déterminé à proposer que l'instruction soit confiée à une autorité plus imposante, qui fût cependant sur les lieux, et qui vérifiât les fraudes avec plus de sévérité : il faudrait du moins que l'instruction faite devant le juge de paix, fût soumise au tribunal civil. On peut ajouter aux raisons qui viennent d'être présentées, une considération importante ; c'est que les juges de paix n'ont point de correspondance avec le ministre de la justice, et qu'au contraire les commissaires du Gouvernement près les tribunaux peuvent faire parvenir directement l'instruction qui a été faite. Au surplus, on pourrait la faire arriver également par le préfet : l'essentiel est que le travail du juge de paix soit soumis à une vérification.

La proposition du Consul *Cambacérés* est adoptée.

La discussion est ouverte sur la troisième question, qui consiste à savoir par quelle autorité l'adoption sera prononcée.

Le CONSUL CAMBACÉRÉS dit qu'il inclinerait à donner cette fonction au Sénat, si la loi pouvait lui faire des attributions, et si d'ailleurs les obligations imposées aux citoyens ne devaient pas en général être établies par la loi.

Le CONSEIL ajourne la discussion de cette question jusqu'après celle des causes et des conditions de l'adoption.

Le C. BERLIER fait lecture de celles proposées par la section, et consignées dans les §. 1, 2, 3, 4, 5, et 6 du projet présenté dans la séance du 14 de ce mois.

Les articles II , III et IV sont adoptés.

L'article V est soumis à la discussion.

Le CONSUL CAMBACÉRÉS dit qu'il n'y a point de proportion entre l'âge auquel l'adoption serait permise à un homme veuf, et l'âge où elle le serait à un homme marié : il suffit en effet à ce dernier d'avoir passé dix années dans le mariage pour avoir le droit de devenir père adoptif.

Le C. BERLIER répond que la raison de cette différence est que le veuf peut se remarier et avoir ainsi des enfans naturels , au lieu que cet espoir et détruit pour l'homme marié , et qu'en conséquence il est juste de lui accorder la consolation d'avoir des enfans par adoption.

Le C. RŒDERER dit que l'article V suppose gratuitement que les hommes veufs et les femmes veuves préfèrent l'adoption au mariage. Ces personnes doivent avoir le droit d'adopter quand bon leur semble : elles ont prouvé qu'il n'est point dans leur cœur de se soustraire à l'engagement du mariage. L'intérêt de la population n'est pour rien ici ; ce sont les prolétaires qui peuplent les États : toutes les tables de population qui ont été faites, prouvent qu'elle suit toujours les progrès ou la diminution du travail.

La proposition du C. *Rœderer* est adoptée.

L'article VI est soumis à la discussion.

Le CONSUL CAMBACÉRÉS propose de réduire cet article à une disposition qui, en faisant paraître la distinction qu'il a établie , déclare qu'en aucun cas l'adoption ne sera permise qu'à l'âge de quarante ans , et qu'elle ne le sera qu'à l'âge de soixante aux personnes non mariées.

Le CONSEIL décide que l'adoption ne sera permise qu'à l'âge de quarante ans aux individus mariés ou veufs , et à cinquante ans aux personnes qui ne sont point et n'ont point été engagées dans le lien du mariage.

Le CONSUL CAMBACÉRÉS demande que la prohibition soit étendue jusqu'à soixante ans pour ces dernières.

Le C. Rœderer observe qu'un vieillard et un enfant sont mal placés ensemble.

Le Conseil maintient son arrêté.

L'article VII est soumis à la discussion.

Le Ministre de la justice demande le motif de cette disposition.

Le C. Berlier dit qu'elle est dictée par la crainte de l'influence naturelle des tuteurs et par l'abus qu'ils en peuvent faire pour s'approprier les biens du mineur par un acte d'adoption.

Le Ministre de la justice dit que l'adoption est dans l'intérêt de l'enfant, et a pour objet de lui donner un père; qu'il le trouve dans son tuteur, et qu'il ne s'agit plus que de donner un plus grand caractère à des rapports qui sont déjà formés. Si l'on craint des abus, on peut ordonner que l'adoption ne sera pas permise au tuteur avant qu'il ait rendu ses comptes.

L'article est adopté.

L'article VIII est soumis à la discussion.

Le C. Tronchet dit qu'on doit retrancher de cet article l'exception qui le termine. L'intérêt des mœurs a fait prohiber les mariages entre proches parens, parce qu'on a craint les suites de la familiarité qui existe naturellement entre eux. La même raison doit faire prohiber l'adoption de la nièce par l'oncle et du neveu par la tante.

Le C. Berlier dit que cette prohibition serait trop dure; que l'adoption n'établit pas, comme le mariage, des rapports dont la perspective puisse amener des complaisances criminelles.

Le C. Boulay ajoute que l'oncle et la tante sont déjà un quasi-père et une quasi-mère à l'égard de leurs neveux.

Le C. Portalis opine pour le maintien de l'article. Il observe qu'en effet si le mariage est défendu entre parens à certains degrés, c'est à cause des dangers de la familiarité, lorsqu'elle est alimentée par l'espoir du mariage. Mais l'adoption ne peut être prohibée par les mêmes motifs; car elle établit des rapports bien différens, ou plutôt elle maintient dans la famille le parent adopté, en ajoutant seulement aux affections qui déjà l'unissent à celui qui l'adopte.

L'article est adopté.

L'article IX est soumis à la discussion.

Le C. MARMONT dit que cette disposition peut compromettre l'état des enfans naturels. Il pourrait arriver en effet que, pour se ménager la faculté de les adopter, leur père différât de les reconnaître, et que cependant il mourût sans les avoir ni adoptés ni reconnus.

Le C. BERLIER convient que l'article est trop sévère; le motif qui l'a fait adopter à la section, a été la crainte de contredire le projet de loi qui ne donne aux enfans naturels reconnus qu'une créance sur les biens de leurs pères.

Le C. EMMERY observe que la créance est le droit commun, et l'adoption le cas particulier.

Il demande la suppression de l'article.

Le C. REGNAUD (de Saint-Jean-d'Angely) dit que la disposition rappelée par le C. Berlier, n'a pour objet que de détruire la législation antérieure, qui donnait aux enfans légitimes, des droits beaucoup plus étendus qu'une simple créance.

L'article est supprimé.

L'art. X est soumis à la discussion.

Le CONSUL CAMBACÉRÉS voudrait qu'il ne fût permis d'adopter que des enfans en bas âge.

Le C. REGNAUD (de Saint-Jean-d'Angely) propose de fixer l'âge où les mineurs pourront être adoptés, à douze ans pour les mâles, et à dix ans pour les filles.

Le CONSEIL adopte l'âge de douze ans pour les deux sexes.

L'article XI est soumis à la discussion.

Le C. BOULAY observe que cet article est inutile, puisque l'âge de l'adoptant et celui de l'adopté sont fixés.

L'article est retranché.

L'article XII est adopté.

L'article XIII est soumis à la discussion.

Le C. BERLIER dit que cet article est fondé sur ce qu'il s'établit, entre la famille de l'adopté, et l'adoptant, un pacte qui empêche ce dernier de changer sa situation.

Le C. RŒDERER observe que ce principe n'est pas exact, puisque l'adoptant peut se marier.

Le C. BERLIER répond que le mariage est une faculté naturelle que l'adoptant n'a pu ni dû s'interdire.
L'article est adopté.

L'article XIV est adopté.

L'article XV est soumis à la discussion.

Le C. BOULAY demande pourquoi le père ou la mère survivans seraient obligés de prendre l'avis du conseil de famille.

Le C. BERLIER répond que l'aliénation de la personne du mineur ne doit pas être accompagnée de moins de formes que l'aliénation de ses biens.

Le C. REGNIER objecte que l'autorité paternelle dispose plus absolument de la personne des enfans que de leurs biens : par exemple, le consentement du père suffit pour leur mariage.

Le C. EMMERY demande que les droits des ascendans soient respectés, et qu'on déclare que leur consentement est nécessaire pour l'adoption des mineurs, comme il l'est pour leur mariage.

Le CONSUL CAMBACÉRÉS dit que cependant il importe de pourvoir à ce que les ascendans ne puissent abuser de leurs droits au préjudice des enfans. Il serait possible, par exemple, que des ascendans opulens, par des motifs d'intérêt, donnassent leurs enfans en adoption à des pauvres; et le mal serait sans remède, puisque l'adoption est irrévocable.

Le C. BERLIER dit qu'en effet une injuste prédilection pour un de leurs enfans, pourrait porter les pères à la spéculation dont vient de parler le Consul, et les engager à se défaire, par l'adoption, des enfans qui leur sont moins chers, pour avantager celui qu'ils préféreraient.

Le CONSUL CAMBACÉRÉS dit qu'en effet un père

(15)

peut prendre ce moyen pour assurer exclusivement la succession d'un beau-frère à l'enfant qu'il préfère. Cette fraude n'est pas à craindre si la famille est consultée, parce qu'alors le beau-frère sera entendu. Il est donc nécessaire, en général, que le juge de paix ne se borne pas à constater les consentemens, mais qu'il examine encore les avantages et les inconvéniens de l'adoption par rapport au mineur.

Le rapporteur est chargé de prendre note de ces observations.

Les articles XVI et XVII sont adoptés.

Le paragraphe VII du projet, intitulé *des Formes d'adoption*, est écarté comme rédigé dans un système différent de celui adopté par le Conseil.

Le paragraphe VIII, intitulé *des Effets de l'adoption*, est soumis à la discussion.

Les articles XXXI et XXXII du projet sont adoptés.

L'article XXXIII est discuté.

Le C. LACUÉE observe que cet article réduirait le père naturel à la triste condition d'être témoin des déréglemens de son fils sans pouvoir les réprimer.

Le CONSUL CAMBACÉRÉS dit que le père naturel n'a plus de droit : l'enfant a changé de père.

L'article est adopté.

L'article XXXIV est soumis à la discussion.

Le MINISTRE DE LA JUSTICE dit que le Code prussien réserve à l'enfant adopté, ses droits dans la famille qu'il quitte. Il est à craindre, en effet, qu'un tuteur, pour se débarrasser, lui ou ses enfans, du concours de son pupille dans une succession non encore ouverte, ne le donne en adoption.

Le PREMIER CONSUL dit qu'il trouve injuste que, par l'effet de l'adoption, un individu dépouille la famille d'où il sort du patrimoine qui lui a été acquis par les travaux et par les sueurs de ses ancêtres, et qui, dans le cours naturel des choses, devait être à jamais son héritage : l'adopté ne doit avoir de droits que dans la famille où il entre.

Le C. BERLIER répond que là où l'intérêt personnel veille, il ne peut y avoir un préjudice notable. Le père où les collatéraux qui donneront un enfant en adoption, calculeront leur intérêt avant de donner leur consentement.

Le PREMIER CONSUL dit que l'adoption est une imitation de la nature : un enfant naît nu et sans bien ; il doit donc naître dans cet état à la nouvelle famille que l'adoption lui donne.

Le C. MARMONT dit que ce système aurait de grands inconvéniens ; car il faciliterait aux familles le moyen de s'emparer des biens d'un mineur en le donnant en adoption. Il faudrait que du moins le père adoptif fût obligé d'assurer à l'enfant une somme égale à celle que l'adoption lui ferait perdre.

Le C. REGNIER dit que l'enfant adopté a sa part dans la succession du père adoptif, alors même qu'il survient des enfans : il est juste que, par réciprocité, ceux-ci aient leur part dans le patrimoine de l'adopté.

Le MINISTRE DE LA JUSTICE observe que, lorsque la famille est absente, il suffirait de l'avis de quelques voisins pour dépouiller le mineur, si l'adoption devait lui faire perdre ce qu'il possède.

Le PREMIER CONSUL répond que l'article ne remédie pas à l'abus qu'on prévoit. Un enfant en effet peut non-seulement posséder actuellement des biens, mais être encore appelé à en recueillir par succession : ainsi, quand la disposition de l'article empêcherait qu'on ne pût le priver de ses biens actuels, il n'empêcherait pas que, par une adoption frauduleuse, on ne pût le priver des successions qui doivent s'ouvrir à son profit.

Le C. MARMONT dit que c'est par cette raison que le juge doit vérifier si l'adoption projetée est utile à l'enfant.

Le C. BERLIER dit qu'il sera toujours très-difficile de juger des avantages et des inconvéniens éventuels de l'adoption.

Le CONSUL CAMBACÉRÉS dit qu'il faut distinguer : quand le père est vivant, lui seul peut être juge des avantages de l'adoption qu'on propose pour son fils, parce que seul il connaît la situation de sa fortune ; mais quand le père est décédé, et a laissé à son fils un patrimoine clair et déterminé, alors il est dangereux de permettre à des collatéraux de dépouiller ce fils en le donnant en adoption.

Le PREMIER CONSUL dit qu'on pourrait assurer à l'enfant sa part dans les biens de la famille d'où il sort ; mais en décidant qu'elle lui sera propre, c'est-à-dire, qu'elle retournera à la famille naturelle s'il meurt sans enfans ,et qu'elle ne deviendra , en aucun cas , le patrimoine de la famille adoptive.

Le C. TRONCHET dit que plus on approfondit cette matière , plus les inconvéniens et les embarras qu'on rencontre prouvent que l'adoption sera en France une mauvaise institution.

Le CONSUL CAMBACÉRÉS dit qu'on dénature en effet l'adoption. Elle n'a été proposée que comme une consolation pour les pères sans enfans , et comme une ressource pour les enfans pauvres. Si l'on s'écarte de ces idées simples, on s'engage dans des difficultés insolubles.

Le C. TRONCHET dit que l'intention de l'adoption doit être de prendre un enfant dans la nature , dans un état de dénuement absolu, pour en faire l'objet de son affection.

Le C. REGNAUD (de Saint-Jean-d'Angely) dit que, dans ce système, il faudrait transmettre les biens de l'enfant à ses héritiers, et que ce serait ouvrir la succession d'un homme vivant.

Le C. TRONCHET répond que la succession de l'enfant adopté serait ouverte par une fiction de la loi, semblable à celle qui fait ouvrir la succession d'un individu mort civilement.

Le C. RÉAL ajoute que d'ailleurs la succession de l'adopté n'est ouverte que pour son plus grand avantage.

Le C. DUMAS dit que cet avantage ne sera pas incertain , puisque les tribunaux examineront s'il existe.

Le C. BÉRENGER dit que plus la discussion s'avance, et plus elle découvre les inconvéniens de l'adoption. Peut-être arrivera-t-elle à faire rejeter l'institution elle-même.

Le PREMIER CONSUL dit qu'il est possible que ce soit là le résultat de la discussion ; que cette séance n'est consacrée qu'à envisager l'adoption sous toutes ses faces, et à amener la rédaction d'un projet d'après lequel on puisse en juger exactement les effets.

Le C. REGNIER, revenant à l'article en discussion, soutient qu'il est juste et nécessaire. L'adoption en effet doit être toute à l'avantage de l'adopté. Il faut qu'il acquière tout et qu'il ne perde rien, et qu'il ne soit pas exposé à changer un bien réel contre des espérances qui peuvent le tromper.

Le PREMIER CONSUL dit que les espérances sont quelquefois si fondées, qu'elles deviennent des réalités. Par exemple, un enfant peut avoir une tante fort âgée, et alors il a droit de compter sur sa succession. Il peut arriver aussi que le père adoptif dissipe ses biens; et alors l'enfant se trouvera dépouillé des deux côtés.

Le C. REGNIER répond qu'il n'y a, dans cette hypothèse, qu'un troc d'espérances.

Le PREMIER CONSUL dit que d'ailleurs l'adoption se fera en connaissance de cause; qu'ainsi, si l'on aperçoit quelque fraude de la part des collatéraux, la demande en adoption sera rejetée.

Le MINISTRE DE LA JUSTICE dit que, comme l'adoption doit être toute à l'avantage de l'adopté, il ne faut pas qu'il porte ses biens dans la famille adoptive; ils doivent lui être réservés. On dresserait un inventaire de ses biens : ils retourneraient à la famille de l'adopté s'il venait à mourir *ab intestat.*

Le C. REGNIER répond que, dans cette théorie, il y aurait adoption et il n'y en aurait pas.

L'article pourvoit suffisamment à l'intérêt du fils adoptif, puisqu'il lui conserve ses biens ; mais ses frères adoptifs doivent lui succéder, 1.° parce qu'il n'y a plus de rapport entre l'adopté et la famille naturelle; 2.° parce qu'il est juste qu'il y ait réciprocité entre lui et les enfans de son père adoptif.

Le CONSUL CAMBACÉRÉS dit que le véritable correctif est celui qu'a proposé le C. *Marmont.* A moins que la loi ne permette d'adopter que des enfans sans fortune, il est juste que le père adoptif assure à l'enfant qu'il choisit, une somme égale à celle que cet enfant perd par l'adoption.

Le C. RÉAL dit qu'il serait impossible d'estimer cette

perte, parce qu'il faudrait faire entrer dans l'évaluation les droits éventuels, qui sont quelquefois plus considérables que les biens présens.

Le C. MARMONT répond que le tribunal peserait les circonstances.

L'article est ajourné.

Les articles XXXV et XXXVI sont adoptés.

L'article XXXVII est soumis à la discussion.

Le CONSUL CAMBACÉRÉS demande le retranchement de la deuxième disposition de cet article, quoique juste en soi, parce qu'elle est subordonnée à ce qui sera décidé au titre *des Successions.* En effet, si on donne aux citoyens la faculté de disposer indéfiniment de leurs biens, il faut que cette volonté du législateur ne soit pas gênée par l'espèce de substitution qu'introduit cet article; c'est d'ailleurs à la loi seule qu'il appartient de régler l'ordre des successions *ab intestat.*

L'article est adopté avec le retranchement proposé par le Consul *Cambacérés.*

On reprend la discussion de l'article XXXIV.

Le PREMIER CONSUL rappelle l'amendement proposé par le C. *Marmont* et appuyé par le Consul *Cambacérés.* Le Consul voudrait que les biens possédés par l'enfant au moment de son adoption, lui demeurassent propres.

Le C. DEFERMON dit que, dans le système du C. *Marmont*, la garantie des enfans adoptifs serait plus grande que celle des enfans naturels: ceux-ci perdent tout si le père dissipe sa fortune ; ceux-là conservent leur créance ou leur propriété. La garantie des uns et des autres doit être également dans l'affection paternelle. Plutôt que de donner un tel privilége à l'enfant adoptif, il vaudrait mieux le réduire à un dénuement absolu avant de l'introduire dans sa nouvelle famille.

Le C. DEVAISNE observe que la différence entre les droits des enfans naturels et ceux des enfans adoptifs est fondée sur ce que les premiers naissent avec cette qualité, au lieu que les autres le deviennent par un choix qui ne doit pas leur nuire, et auquel on peut apposer des conditions.

Le PREMIER CONSUL dit qu'en effet il serait injuste de les forcer à échanger des réalités contre de simples espérances.

Le CONSUL CAMBACÉRÉS dit que si les conditions de l'adoption ne conviennent pas au père, il est libre de les refuser.

L'amendement du C. *Marmont* est adopté.

Le C. REGNIER demande si, lors du partage de la succession du père adoptif, l'enfant adoptif sera dispensé de rapporter ce qu'il a reçu en remplacement des biens qui lui appartenaient lors de l'adoption.

Le CONSUL CAMBACÉRÉS dit que les héritiers ne sont obligés de rapporter à une succession que ce qu'ils ont reçu à titre gratuit ou en avancement d'hoirie : or l'enfant adopté n'a reçu qu'à titre onéreux.

Le C. REGNIER pense que l'enfant reçoit à titre gratuit, puisqu'il acquiert la concurrence dans la succession du père adoptif.

Le C. REGNAUD (de Saint-Jean-d'Angely) observe que si le père adoptif avait assuré 30,000 francs à l'enfant adopté, et qu'en mourant il laissât quatre enfans et un patrimoine de 120,000 fr., l'enfant adopté prendrait beaucoup plus que ses frères adoptifs, s'il n'etait pas tenu au rapport.

Le CONSUL CAMBACÉRÉS dit que cet enfant ne peut être considéré comme donataire, et que ce qu'il a reçu est le prix de son adoption. Peut - être cependant devrait-il compléter aux autres leur légitime.

Le C. REGNIER dit que s'il est reconnu que l'enfant adopté doit aux autres leur légitime, il n'a évidemment reçu qu'un avancement d'hoirie.

Le C. TRONCHET pense, comme le Consul *Cambacérés*, que la somme reçue par l'enfant adopté est le prix d'un contrat, et que, puisqu'il n'y a pas de donation, il ne doit pas la légitime aux enfans naturels.

Le CONSUL CAMBACÉRÉS admet ce principe.

Le CONSEIL arrête que l'enfant adopté ne sera pas tenu au rapport de ce qu'il aura reçu en remplacement des biens dont son adoption l'a dépouillé.

La Séance est levée.

À PARIS, DE L'IMPRIMERIE DE LA RÉPUBLIQUE.
8 Nivôse an X.